AF320753

LA VÉRITÉ

SUR LE PASSÉ ET LE PRÉSENT,

ET

AVIS AUX FRANÇAIS

Sur la conduite qu'ils doivent tenir dans les circonstances actuelles.

DE L'IMPRIMERIE DE C.-F. PATRIS, RUE DE LA COLOMBE,
n°. 4, EN LA CITÉ.

LA VÉRITÉ

SU LE PASSÉ ET LE PRÉSENT;

ET

AVIS AUX FRANÇAIS

Sur la conduite qu'ils doivent tenir dans les circonstances actuelles.

LA VÉRITÉ SUR LE PASSÉ.

Le Gouvernement de la France a été institué *monarchie*, et la couronne rendue héréditaire exclusivement aux descendants mâles du prince régnant, suivant le rang de primogéniture.

Cet ordre de succession au trône, selon le droit du sang, établi par les premiers Français, appelés *Saliens* du nom de la rivière de *Sala*, sur les bords de laquelle ils avaient originairement habité, se nomma *loi Salique*.

Cette *loi Salique*, dont la sage institution eut pour objet d'empêcher que la couronne ne passât entre les faibles mains des femmes, que le peuple ne tombât sous la domination toujours funeste d'un étranger, que l'Etat ne fût souvent exposé, par l'élection de chaque nouveau souverain, à des brigues, à des agitations, à des divisions, à la guerre civile, considérée depuis 1400 ans comme le plus ferme appui du gouvernement que la Nation française s'est librement donné, n'a cessé d'être respectée et observée.

En vertu de cette *loi Salique*, de cette primitive loi constitutionnelle de l'Etat, les descendants de Hugues-Capet, trente-sixième Roi de France, le premier de la troisième race dite *des Capétiens*, souche d'où est sortie une tige de Rois qui a produit quatre branches, dont la dernière est celle des Bourbons, sont depuis plus de huit cents ans en possession du trône.

A l'assemblée des Etats-généraux du mois de mai 1789, les cahiers des provinces, bailliages, sénéchaussées et villes du royaume, présentés par les députés de chacun des trois ordres de l'Etat, firent connaître d'une manière non équivoque que le vœu général de la France était que l'ancien gouvernement monarchique fût conservé tel qu'il avait toujours subsisté depuis sa première institution, et qu'il n'y fût apporté aucun changement. Ce vœu alors émis librement, sans suggestion et sans crainte, par tous les Français, qui chacun dans leur localité et leur ordre respectifs avaient participé à la rédaction de ces cahiers, au nombre de cinq cent douze, renfermaient l'expression de leurs volontés, était ainsi unanimement énoncé :

» La loi salique est la loi constitutionnelle de l'Etat ;

» Le Gouvernement français est une monarchie héréditaire, et non élective ;

» La succession à la couronne est dévolue de droit, sans partage, et exclusivement aux femmes et à leurs descendants mâles, à l'aîné de la ligne masculine la plus proche dans la famille régnante ;

» L'auguste maison des Bourbons, aujourdhui en possession du trône, d'après la loi fondamentale de la monarchie, y a seule droit, et doit y être maintenue ;

» La personne du Roi et ses droits sont sacrés et inviolables ; quiconque y porte atteinte par paroles, par écrits, ou autrement, est coupable du crime de lèze-majesté, et encourt les peines les plus sévères.

Ces principes fondamentaux du primitif gouvernement français, auquel la nation voulait rester inviolablement attachée, ont été foulés aux pieds par les députés eux-mêmes chargés de les faire respecter.

Ces députés constitués représentants de la Nation, et réunis en *Assemblée nationale*, de leur propre volonté et sans le pouvoir de leurs commettants ; dominés et subjugués par des intrigants, des ambitieux, des turbulents, des factieux, qui avaient apporté de leurs provinces une opinion prononcée contre la royauté, des idées d'indépendance, de liberté et d'égalité, des projets d'innovation et de bouleversement, ont depouillé le Roi de la plus belle portion de l'autorité suprême dont ils se sont emparés au nom de la Nation qui les désavouait, et ont fait de la monarchie une véritable démocratie.

Ce changement apporté dans la forme de l'antique gouvernement ne s'est pas opéré sans ces commotions, ces désordres qui toujours précedent ou accompagnent une révolution ; toute la France en a ressenti de funestes effets qui sont malheureusement trop connus pour qu'on puisse en douter.

L'*Assemblée législative* qui au mois de juin 1791 succéda à l'assemblée nationale, ne respecta pas davantage la volonté générale du Peuple français, au nom duquel elle venait, quoique sans mission légale, exercer la souveraineté. Cette seconde assemblée formée en grande partie de séditieux et d'énergumènes patriotes connus sous la désignation de *Jacobins*, qui avaient envahi l'autorité publique, possédaient toutes les places, dirigeaient les opérations du gouvernement, fit plus encore que la première : non contente de jouir des droits usurpés de la royauté, elle prononça la déchéance du Roi, l'emprisonnement de ce monarque et de toute sa famille, et prépara le renversement de la monarchie déjà ébranlée.

Les insurrections, les persécutions, les massacres, les guerres civiles, les terribles évènements suscités par les opérations ou par l'influence de cette assemblée législative sont encore assez présents à la mémoire pour n'être pas oubliés.

La *Convention* qui au mois de septembre 1792 vint remplacer l'assemblée législative, pareillement sans l'autorisation formelle du peuple, composée de presque tous fougueux indépendants, effrénés partisans et propagateurs de la liberté et de l'égalité, surpassa en audace et en iniquités les deux assemblées précédentes. Après avoir élevé une monstrueuse république sur les ruines de la monarchie qui depuis tant de siècles illustrait la France et était le gouvernement le plus convenable à son étendue, à sa sûreté, à sa tranquillité, au caractère et au goût de ses habitants, elle osa encore porter une main sacrilège sur la personne sacrée et inviolable de son Roi, et le faire périr malgré toute l'évidence de son innocence, de la mort réservée aux plus grands coupables.

(6)

Une foule de lois affreuses rendues pour inquiéter et
vexer tous les paisibles et honnêtes Français ; des proscriptions prononcées contre ceux qui n'embrassaient pas
avec assez de chaleur la cause des féroces révolutionnaires, ou n'étaient pas les approbateurs de leurs atroces
opérations ; tous les points de la France couverts de prisons et d'échafauds ; un inique et sanguinaire tribunal
révolutionnaire faisant couler à grands flots dans la capi-
tale le sang innocent ; des massacres, des fusillades, des
noyades dépeuplant les provinces ; la terreur, les dénon-
ciations, les spoliations de fortunes particulières, l'im-
piété, l'immoralité, les horreurs de toutes espèces partout à l'ordre du jour, voilà quels ont été sous nos yeux
les incontestables résultats des œuvres de cette abominable
convention.

Le gouvernement impérial de Napoléon Bonaparte
substitué au mois de mai 1804 au gouvernement républi-
cain, *Directorial*, puis *Consulaire*, sous lequel la France
asservie a été pendant douze ans en proie à l'anarchie,
au désordre, à la tyrannie et au despotisme, fut encore
un gouvernement qui ne convenait point à la nation,
parce que, outre qu'il était une infraction à la loi constitutionnelle de l'état, il plaçait sous la tyrannique domination d'un étranger, d'un homme obscur, les Français
qui depuis la fondation de la monarchie, n'avaient jamais
été gouvernés qu'avec douceur et qu'avec bonté, et que
par un prince de la plus ancienne et de la plus illustre
famille de leur pays.

En effet, quel a été le sort des Français sous Napoléon Bonaparte qu'ils ne s'étaient pas librement choisi
pour chef ; mais qui par son audace, ses basses sou-
plesses, ses perfides intrigues, sa feinte popularité, ses
fausses promesses, par la force armée dont il s'était rendu
maître, par le soutien de ses partisans et de ses agents dans
les diverses classes de la société intéressés à son élévation,
avait usurpé l'autorité suprême, s'était fait donner le titre
d'Empereur par un simulacre de sénat à sa disposition, et
avait rendu cette souveraineté héréditaire dans sa famille ?
Sous Napoléon Bonaparte, les Français malheureuses victimes de l'ambition démesurée de cet étranger, ont sup-
porté le joug le plus cruel qui jamais ait été imposé à
aucun peuple.

Ils l'ont vu, cet étranger, cet homme de rien, devenu malgré eux leur maître, ne respirant que la guerre, ne trouvant de jouissance que sur les champs de batailles couverts de morts et au milieu du carnage, se déclarer l'ennemi de tous les souverains de l'Europe dont il cherchait à envahir les états pour les partager entre les membres de sa famille afin de les enrichir et les tirer de l'obscurité;

Ils l'ont vu dépeupler les villes et les campagnes, désoler les familles en arrachant de leurs domiciles, par des levées forcées dont on n'avait jamais eu d'exemples, tous les jeunes gens et jusqu'à des époux et des pères de famille, pour en faire arbitrairement des soldats destinés à aller donner ou recevoir la mort, et porter le ravage et la dévastation jusque sous les climats glacials du nord comme sous les climats brûlants du midi;

Ils l'ont vu, pour obtenir ces éclatantes victoires qui flattaient son amour propre, ces grandes conquêtes que dévorait son ambition, et qui loin d'avoir procuré à la France aucun avantage certain ne lui ont laissé que des regrets, exposer à la mort des millions de soldats, sacrifier de sang froid des bataillons entiers, faire verser des flots de sang et couvrir leur pays de blessés et d'estropiés;

Ils l'ont vu, pour subvenir à ces énormes dépenses que nécessitaient ses vastes et inutiles expéditions militaires et l'entretien de ses nombreuses armées, ruiner la France et en épuiser toutes les ressources;

Ils l'ont vu anéantir le commerce par ses guerres continuelles qui entretenaient le blocus de nos ports, arrêtaient nos relations commerciales avec l'étranger et empêchaient l'exportation et l'importation de toutes espèces de marchandises, causer la perte des commerçants par les impôts exorbitants qu'il mettait sur les denrées et marchandises de première nécessité, qui arrêtaient ou diminuaient les ventes;

Ils l'ont vu, gêner, vexer l'agriculture par des réquisitions continuelles d'hommes, de chevaux, de grains, de fourrages et de bestiaux;

Ils l'ont vu, par la violation de ses traités avec les souverains alliés de l'Europe, attirer sur le territoire français les troupes étrangères et rendre la France entière victime d'uue guerre que lui seul avait suscitée, et qui n'était dirigée que contre lui;

Ils l'ont vu pour le soutien de sa souveraineté usurpée près d'être anéantie, mettre en état de siége des villes, des communes de l'intérieur qui n'avaient jamais connu la guerre, les forcer à des préparatifs de défense ruineux, et les exposer à des résistances périlleuses.

Ils l'ont vu enfin pendant tout le cours de son gouvernement, agir en tyran et en despote envers eux; ils n'ont reçu de lui aucune de ces preuves d'attachement, de bienveillance, d'intérêt, d'amour, qu'un légitime et bon souverain a pour ses sujets.

D'après ce tableau du *passé*, il est facile de se convaincre que la France jadis si heureuse sous la monarchie qu'elle s'était donnée et pour laquelle la plus nombreuse partie de ses habitants a toujours manifesté de la manière la plus authentique son inviolable attachement, n'a cessé, sous les différents gouvernements qui ont succédé au renversement du trône et qui n'ont été que les œuvres du délire révolutionnaire, de l'esprit d'innovation, de l'intrigue, de l'intérêt, de l'amour propre, de l'ambition, d'être en proie à des tourments, à des vexations, à des malheurs de toutes espèces, et qu'elle ne peut jouir du repos, de la tranquillité et du bonheur, que sous son premier gouvernement monarchique et son légitime souverain.

LA VÉRITÉ SUR LE PRÉSENT.

Aujourd'hui Louis XVIII, par la force de la loi, par le droit du sang, et par le vœu général de tout ce qu'il y a de Français justes, probes, honnêtes et véritablement amis de leur patrie, de l'ordre et de la tranquillité publique, est assis sur le trône de France.

Ce chef de l'antique et auguste famille des Bourbons, juste, bon, sensible, humain, réunissant la sagesse, la prudence et toutes les qualités nécessaires à la bonne administration de son royaume, offre à la nation française un Roi légitime aussi accompli qu'elle pouvait le désirer, et par conséquent qu'elle chérit et qu'elle se glorifie de posséder.

Cependant, tandis que ce monarque, pour répondre aux sentiments de confiance, d'attachement et de fidélité qui, de tous les points de son royaume lui ont été adressés, donne aux Français une CHARTE CONSTITUTIONNELLE appropriée à leurs désirs comme à leurs besoins;

Qui leur assure un gouvernement protecteur sans être oppressif;

Qui leur présente une garantie contre tous les genres d'abus dont ils vienent d'éprouver les excès;

Qui les rend tous égaux devant la loi, et admissibles aux emplois civils et militaires;

Qui établit la liberté individuelle en ne permettant pas qu'aucun d'eux puisse être poursuivi ni arrêté que dans les cas prévus par la loi et dans les formes qu'elle prescrit;

Qui, en déclarant la religion catholique, apostolique et romaine, la religion de l'Etat, leur permet de professer librement celle qu'il leur plaît, et accorde à tous les cultes la même protection;

Qui leur donne le droit de publier et de faire imprimer leurs opinions, en se conformant aux lois qui doivent réprimer les abus dangereux de cette liberté;

Qui leur garantit l'inviolabilité de leurs propriétés dites nationales, les rassure contre le rétablissement des dîmes et des droits féodaux;

Qui interdit toutes recherches des opinions et votes émis jusqu'à la restauration;

Qui abolit la conscription;

Qui supprime la peine de la confiscation des biens;

Qui conserve à tous militaires en retraite leurs pensions ainsi qu'à leurs veuves;

Qui garantit la dette publique et rend inviolable toute espèce d'engagement pris par l'Etat avec ses créanciers;

Tandis que, n'écoutant que son amour pour son peuple, il s'occupe à réparer tous les maux qui ont affligé la patrie pendant son absence; à soulager par des prélèvements de fonds sur sa cassette, par l'emploi de sommes auxquelles un vain luxe aurait pu donner une autre destination, l'infirmité, la vieillesse et l'indigence ; à faire exécuter de grands travaux publics entrepris avec sagesse et modération et sans surcroît d'impôts, pour servir d'aliment aux arts et fournir à la classe ouvrière un travail dans lequel elle trouve des moyens d'existence ; à rendre la condition du soldat aussi heureuse qu'elle peut l'être ;

Tandis que, se livrant à tout son zèle pour le bien public, il travaille sans relâche à apporter l'ordre, l'économie et la réforme des abus dans les différentes branches d'administration ; à acquitter ces dettes immenses dont il a trouvé l'Etat surchargé à son arrivée et à sa rentrée dans son royaume ; à diminuer ces énormes impôts qui depuis si long-temps épuisent les fortunes particulières, et à les réduire à une somme peu onéreuse proportionnée aux besoins du gouvernement dont il cherche à alléger chaque jour les charges ; à faire jouir le commerce, l'industrie, l'agriculture, les sciences et les arts, des avantages de cette paix qu'il a conclue avec toutes les puissances de l'Europe ; à assurer à tous ses sujets des différentes classes de la société le repos, la tranquillité et le bonheur ; à procurer à la France cette force, cet éclat, cette splendeur qui, sous les rois précédents, lui assignaient le premier rang parmi toutes les nations ;

De téméraires factieux, de hardis intrigants, de vils agitateurs dont le nombre se compose de patriotes de 1789, de révolutionnaires de 1791 et 1792 ; de républicains et jacobins de 1793 et années suivantes ; de partisans de Bonaparte ; d'indépendants, d'hommes à idées libérales et de fédérés de 1815 ; de gens sans crédit ou ruinés ; de militaires à retraite ou pension, regrètant les temps de ravages, de dévastations, de pillages du règne de Bonaparte ; de fonctionnaires publics, de chefs et employés de bureaux, réformés ou destitués, ou qui craignent de l'être pour leurs principes opposés à ceux du gouvernement actuel ; de prêtres apostats et mariés ; d'artisans, d'ouvriers, de domestiques sans occupation, sans travail, sans place, par leur paresse, par leur défaut de conduite et de probité ; de filous, d'escrocs, d'hommes repris de justice ; de bandits, de mauvais sujets sans aveu et sans domicile ; de misérables formant ce qu'on peut appeler la lie du peuple ; de femmes, maîtresses ou concubines, ou épouses de toutes espèces de révolutionnaires, d'anti-royalistes et d'ennemis de la famille royale ; de femmes affiliées des anciens jacobins et des modernes fédérés ; de femmes prostituées ; de femmes sans mœurs, sans conduite, sans honneur, sans délicatesse ; de femmes qui, n'ayant d'autre moyen d'existence qu'un faible travail, reçoivent, pour les soulager dans leurs besoins et leur misère, les secours des maisons de charité et des bureaux de bienfaisance publique, travaillent sourdement à semer parmi les citoyens le trouble et le désordre par des nouvelles fausses et alarmantes ; à séduire, tromper et agiter les esprits contre la monarchie par des propos, des discours, des écrits séditieux ; à rendre odieuse l'auguste famille des Bourbons par de perfides calomnies ; à opérer dans l'État, par de secrètes machinations, un bouleversement à l'aide duquel ils voudraient, s'il était possible, renverser le gouvernement actuel pour lui en substituer un autre du choix de quelques-uns des chefs de leur rebelle parti, et sur lequel même ils ne sont pas d'accord.

Mais en vain ces ennemis du trône et de leur patrie s'agitent et se tourmentent dans l'ombre pour arriver à leur criminel but, tous leurs efforts seront vains ;

Parce que la France, aussitôt qu'elle a été débarrassée de la tyrannie, et qu'elle a pu rompre le silence de l'esclavage, s'est de nouveau unanimement prononcée sur la forme de son gouvernement, et qu'elle n'en veut aucun autre que la monarchie telle qu'elle a été instituée par la nation elle-même, et qu'elle subsiste depuis plus de quatorze cents ans ;

Parce que la France, toujours heureuse sous les Bourbons, en possession de droit maintenant de la couronne, ne veut point d'autre souverain qu'un Bourbon, et que le titre de *Désiré* qu'elle a décerné à Louis XVIII est une preuve de son inviolable attachement à ce monarque aujourd'hui régnant ;

Parce que la France sait par expérience qu'un gouvernement assis sur un pied stable et étayé de la confiance, de la fidélité et de l'amour des gouvernés, tel qu'était le sien autrefois avant que la révolution l'eût anéanti et qu'elle a repris aujourd'hui, n'est point chancelant ni exposé à chaque instant à être ou ébranlé par de violentes commotions populaires, ou déchiré par des guerres civiles comme le sont les gouvernements fondés sur la rébellion, la violence et l'usurpation ;

Parce que la France, pendant assez long-temps sous la domination de patriotes, de républicains, d'indépendants, d'usurpateurs qui l'ont fait gémir sous le joug de la plus cruelle tyrannie, ne veut plus être davantage à la merci de pareils gens qui, s'ils avaient encore l'autorité en main, pour la conserver, ne tarderaient pas, à l'exemple des précédents gouvernants, à faire revivre les lois cruelles, les tribunaux de sang, les comités révolutionnaires, les sociétés de jacobins, les proscriptions, les prisons, les massacres, les assassinats judiciaires, les spoliations de fortunes particulières, les conscriptions, les réquisitions, et toutes les atrocités que leur intérêt pourrait leur suggérer.

D'ailleurs, où sont leurs forces militaires ? Pas un seul bataillon n'est à leur disposition ; tous les corps de troupes recréés sont composés de soldats, d'officiers et de chefs supérieurs entièrement dévoués au Roi auquel ils ont juré fidélité, et que l'honneur et le devoir porteraient à combattre tous rebelles, tous insurgés, au premier mouvement qu'ils pourraient faire.

Où sont leurs armes, leurs munitions ? Ils n'ent ont aucunes : tous les arsenaux, tous les magasins d'armes et de munitions sont confiés à la garde d'hommes sur la foi desquels le gouvernement peut se reposer, et à la surveillance de chefs dont la loyauté est pleinement reconnue.

Où sont leurs places fortes ? On n'en peut citer aucune où ne flotte le drapeau blanc, où la garnison et les habitants ne prononcent avec respect et avec attendrissement le nom de Louis XVIII et ne soient déterminés à se défendre jusqu'à la dernière extrémité pour conserver les droits de ce légitime souverain :

Où sont leurs fonds ? Ils n'ont pas le sou ; toutes les caisses publiques régies avec un ordre qui ne permet pas d'en distraire la moindre somme, confiées à des personnes sûres, et gardées avec toutes les précautions nécessaires, ne peuvent leur donner l'espoir d'aucune ressource :

Où sont leurs soutiens ? Il ne leur en reste plus ; ces

personnages qui avaient tant d'influence dans les gouvernements précédents et sur la protection desquels ils auraient pu compter encore aujourd'hui, maintenant dé-
chus de leur grandeur et de leur autorité, sont rentrés
dans la classe de simples citoyens d'où ils n'auraient jamais dû sortir; plusieurs même ont quitté pour toujours
le sol français ; tous les fonctionnaires publics des différentes branches d'administration* partout renouvelées ne
présentent, depuis le premier jusqu'au dernier, qu'un chóix
de vrais Français sincèrement attachés à leur Roi, et qui
ne seront pas parjures au serment de fidélité qu'ils lui
ont prêté :

Où sont enfin leurs espérances ? Ils ne peuvent en avoir
que d'illusoires, puisque l'opinion publique s'élève généralement contre eux ; puisque partout on les considère
comme les êtres les plus méprisables et les plus dange-
ceux de la société, et qu'on s'empresse, aussitôt qu'on les
connaît, de les signaler aux autorités ; puisque dans chaque
localité la police est chargée de les surveiller de près,
de faire toutes les recherches, de se procurer tous les
renseignements sur leurs complots, leurs sociétés, leurs
rassemblements, leurs signes de reconnaissance ou de ral-
liement, de les arrêter au moindre mouvement insur-
rectionnel, au moindre propos séditieux, et de les tra-
duire devant les tribunaux compétents pour y être con-
damnés aux peines sévères portées contre les rebelles,
les conspirateurs, les factieux et les agitateurs.

Ainsi cet état présent de choses, doit rassurer tous les
bons Français sur la stabilité du gouvernement de Louis
XVIII qui est l'objet de leurs désirs, et en même temps dé-
concerter et faire rentrer en eux-mêmes tous ces malveillants qui cherchent à porter atteinte aux droits sacrés
et inviolables de leur légitime souverain, à susciter le
trouble et le désordre dans l'Etat, à faire armer les citoyens les uns contre les autres, à renouveler ces scènes
d'horreur dont la France a été pendant si-longtemps le
théâtre.

AVIS AUX FRANÇAIS

Sur la conduite qu'ils doivent tenir dans les circonstances actuelles.

Français, vous qui à juste titre méritez ce nom, vous qui n'avez point dégénéré du caractère national et de la loyauté de vos ancêtres; vous, attachés à votre ancien gouvernement; vous, fidèles sujets et amis de Louis XVIII votre légitime souverain; vous qui ne voulez que le repos, la tranquillité et le bonheur de votre pays, continuez à mettre toute votre confiance dans votre roi digne petit-fils du bon Henri IV; secondez-le autant qu'il sera au pouvoir de chacun de vous dans les peines qu'il se donne, dans les efforts qu'il fait pour vous procurer aussi promptement que vous le désirez et qu'il le désire encore plus lui-même, les avantages que vous devez attendre de la sagesse de son administration, de ses intentions bienveillantes et de son amour pour son peuple.

Ne vous permettez, dans les circonstances actuelles, aucunes querelles politiques avec les malveillants, ce serait susciter et entretenir des haines toujours dangereuses pour la société. Ne cherchez point à combattre par des injures leurs criminelles opinions, ce serait allumer le feu de la discorde. Surtout n'usez d'aucunes voies de fait envers eux, ce serait provoquer la guerre civile qu'ils voudraient voir déjà embrâser tout le royaume. D'ailleurs, votre roi lui-même, dans sa proclamation du 1er. septembre 1815, vous en fait la défense formelle en ces termes: « la punition des crimes doit être nationale, solennelle et régulière; les coupables doivent tomber sous le glaive de la loi, et non pas succomber sous le poids des vengeances particulières. Ce serait offenser la justice, ce serait perpétuer le désordre et ouvrir la porte à mille désordres, ce serait bouleverser l'ordre social que de se faire juge exécuteur pour les offenses qu'on a reçues ou même pour les attentats commis contre notre personne ». Employez au contraire la douceur, la raison, la persuasion, pour les désabuser, les éclairer, et les ramener aux principes conservateurs de l'ordre; s'ils sont sourds à vos observations, contentez-vous de les abandonner au mépris et à l'exécration publique dont ils sont dignes. Bientôt vous les verrez ces traîtres, ces rébelles, ces factieux, aujourd'hui encore si hardis, si audacieux, si téméraires, ou rougir de honte de leur coupable conduite, changer de langage, et se repentir, ou atteints par la main de la justice et frappés par le glaive de la loi.

FRANÇAIS, vous ennemis des Bourbons, vous chefs ou principaux agents de partis rébelles et séditieux, qui cherchez à séduire le peuple, à le tromper, à l'égarer, à l'insurger contre le Gouvernement pacifique, tutélaire, paternel et bienfaisant de Louis XVIII, le seul qui convient à la France, le seul en faveur duquel elle s'est généralement prononcée, le seul qui peut lui assurer à jamais ce repos, cette tranquillité, ce bonheur dont elle commence à jouir ; que la raison vous éclaire, que la vérité vous désabuse, que l'intérêt de la patrie vous ramène à des sentiments véritablement français ; que la bonté, la sagesse et toutes les vertus de votre légitime Roi vous inspirent le même amour dont toute la nation est pénétrée à son égard, et vous portent à vous rapprocher de lui et à vous ranger parmi ses fidèles sujets.

Si la raison, la vérité, l'intérêt de la patrie, les vertus de votre Roi ne peuvent vous déterminer à abjurer vos criminels principes, à abandonner vos révolutionnaires projets, que l'affreuse idée des peines sévères dont tôt ou tard sont punis les coupables de trahison, de rébellion, de conspiration et d'insurrection, fasse impression sur vos esprits et opère en vous un changement d'où dépendent votre honneur, votre repos, votre tranquillité et votre sûreté personnelle.

FRANÇAIS, vous de toutes classes, de toutes conditions, de toutes professions, de tous états, de tout sexe, qui, ou par faiblesse, ou par le vain espoir d'un sort plus heureux, ou par d'illusoires promesses d'honneurs, d'avancements, de places, de récompenses, de gratifications, de fournitures et ventes de marchandises, d'occupation, de travail, d'argent, vous êtes aveuglément laissés entraîner dans un criminel parti, si vous eussiez sérieusement réfléchi sur le méprisable et dangereux rôle que cherchent à vous faire jouer les perfides qui vous metten en jeu, vous eussiez reconnu que l'on ne se sert de vous que comme d'instruments nécessaires dont on veut, pour le moment seulement, tirer tout le parti possible, au risque même de les briser, et qu'ensuite on rejétera et on négligera quand on n'en aura plus besoin ; que c'est vous seuls qu'on expose au mépris public, aux persécutions, aux invectives, aux poursuites de la justice, à la sévérité des lois, tandis que vos chefs et vos agents principaux cachés derrière le rideau attendent tranquillement ou votre succès pour venir en recueillir toute la gloire et tous les fruits, ou votre défaite pour se mettre en sûreté par la fuite, vous abandonner, et vous laisser vous-mêmes vous tirer d'affaire comme vous pourrez ; que dans l'impuissance où sont les ennemis de l'État de réussir dans leurs complots par le défaut de moyens d'exécution, par l'activité de la police à la vigilance de laquelle n'échappent aucuns de leurs mouvements dans les villes comme dans les campagnes, par l'esprit public qui partout seconde les autorités pour faire échouer leurs téméraires entreprises, vous êtes dupes des artifices de tous ces gens-là, qui n'ont d'autre but que de faire de vous de malheureuses victimes toujours prêtes à être sacrifiées à leur amour propre, à leur ambition et à leur intérêt ; alors, loin d'adopter les sentiments de haine contre l'auguste famille des Bourbons, les principes de rébellion et d'insurrection contre votre légitime souverain, les projets de renversement du Gouvernement actuel qu'on s'est efforcé de vous inspirer et qu'on s'étudie à entretenir en vous ; vous vous fussiez empressés de vous ranger avec tous les honnêtes Français sous la bannière de Louis XVIII, et de vous montrer soumis et fidèles sujets de ce bon Roi. Mais il est toujours temps de rejeter le crime et de faire le bien ; et s'il y a du mérite à n'avoir jamais quitté le chemin du devoir et de l'honneur, il y en a aussi à reconnaître son erreur lorsqu'on s'en est écarté, et à y rentrer.

Quittez donc toutes ces opinions séditieuses qui ne peuvent que troubler votre repos, vous faire des ennemis, nuire à vos intérêts, compromettre votre sûreté personnelle et vous placer sous le glaive de la loi. Revenez à votre Roi, vous le trouverez toujours, comme tous les autres Français, votre père et votre meilleur ami.

L. P.